LIVRE DES VŒUX

RELIGIEUSES DE L'ABBAYE DE BEAUMONT-LEZ-TOURS.

1 vol. in-4° — MANUSCRIT ORIGINAL.

Vous m'avez accoutumé à un bienveillant accueil toutes les fois qu'une heureuse occasion m'a permis de faire connaître, dans une de nos séances, les nouveaux manuscrits relatifs à notre histoire locale dont s'enrichit de temps en temps notre bibliothèque publique. Je crois, en effet, que ces communications présentent le double avantage d'attirer l'attention des membres de notre société sur un établissement qui possède depuis long-temps d'immenses matériaux inédits et bien rarement consultés et de porter à la connaissance de tous les travailleurs les nouvelles richesses que de trop rares bonnes fortunes lui permettent encore d'acquérir.

Dans le courant de la présente année (1853), je fus averti qu'un manuscrit original provenant de l'ancienne abbaye de Beaumont-lez-Tours se trouvait entre les mains d'un habitant de notre ville qui l'avait recueilli dans la succession d'une parente autrefois attachée au service de l'abbaye. Je me hâtai d'examiner ce précieux volume et, malgré la répugnance du propriétaire à se dessaisir d'un livre qu'il appelait un souvenir de famille, je fus assez heureux pour en faire l'acquisition, des deniers de la ville de Tours, et pour le déposer bientôt sur les tablettes de notre bibliothèque communale.

Ce manuscrit est intitulé : LIVRE DES VEUX OU REGISTRE DES PROFESSIONS DES RELIGIEUSES TANT DU COUVENT DE L'ABBAYE ROYALE DE NOTRE-DAME-DE-BEAUMONT-LEZ-TOURS, ORDRE DE SAINT-BENOIST, QUE DE CELUY DU PRIEURÉ DE MENETOU-SUR-CHER, MEMBRE IMMÉDIATEMENT DÉPENDANT DE LADITE ABBAYE, SELON L'ORDRE ET LE TEMPS DE LA PROFESSION DES RELIGIEUSES DE L'UN ET DE L'AUTRE MONASTÈRE INDISTINCTEMENT, COMME NE FAISANT LES DEUX COMMUNAUTEZ QU'UNE SEULE ET MÊME MAISON. Après ce titre, on lit une ordonnance rendue par l'abbesse Anne Berthe de Bethune, en date du 1er février 1681, constatant la nécessité d'ouvrir un nouveau registre pour les professions des religieuses, un incendie ayant, le 15 décembre 1680, détruit l'ancien et causé d'autres grands désastres dans la célèbre abbaye. Cette ordonnance est revêtue des signatures d'Anne Berthe de Bethune et de trente autres sœurs faisant alors partie tant du monastère de Beaumont que du prieuré de Menetou-sur-Cher.

Suivent soixante-dix feuillets consacrés à la *coppie des memoires trouvez au tresor de l'abbaye concernants ledit livre brûlé.*

Je me contenterai d'extraire de ces *memoires*, pour les mettre sous vos yeux, quelques détails historiques sur l'origine et la naissance de la communauté de Beaumont et la liste des abbesses de ce monastère, depuis l'année 1020 jusqu'au 5 octobre 1690, jour de la prise de possession de madame Gabrielle de Rochechouart de Mortemart, qui fut abbesse immédiatement après Anne de Bethune.

Une longue série de feuillets contient ensuite les actes ou

cédules autographes de la profession de chaque sœur faisant
alors partie de la communauté ou y ayant été admise dans la
suite des temps. La première de ces professions porte la date
de 1626 et la signature de sœur Geneviève de Commacre, et
la dernière, la date du 13 novembre 1787 et la signature de
sœur Françoise Bataille, madame de Virieu étant abbesse. Nous
savons tous que ce monastère fut supprimé en 1790.

Toutes ces pièces inscrites sur le recto et le verso de chaque
feuillet présentent des autographes dont quelques-uns sont
fort précieux, à cause des personnages de haute distinction qui
les ont écrits et signés.

30 novembre 1853.

S'ensuit la copie d'un mémoire contenant quelques cir-
constances notables du premier establissement des religieuses de cette abbaye et le cathalogue de touttes
les abbesses.

Premier establissement des religieuses de l'illustre et royal monas-
tère et abbaye de Nostre-Dame-de-Beaumont-lez-Tours.

Lesdittes (1) religieuses ont eû pour première demeure, dès le
sixième siècle et du temps de saint Grégoire de Tours, l'église
et monastère de Notre-Dame de l'Escrignol (*Sancta Maria de*
Scriniolo) bastie en l'aire Saint-Martin de Tours par la princesse Ilgertrude ou Ingeltrude, fille de Clottaire, premier de
ce nom, roy de France, et de Vandcirade, sa dernière femme ;
laditte Ingeltrude fut premièrement mariée et eut deux enfants
de son mariage, Bertherand, evesque de Bordeaux, et Bertegonde,
comme l'on peut voir en Grégoire de Tours ; après quoy estant
veuve, elle erigea ledit monastère de Nostre-Dame-de-l'Escri-

(1) Nous conservons l'orthographe de ce curieux document historique.

gnol près l'église de Saint-Martin, où elle passa le reste de ses jours saintement et y deceda le septième des Ides de mars, c'est-à-dire le neufième jour environ, l'an cinq cents quatre-vingts, parmy bon nombre de filles religieuses qui vacquoient ordinairement en prières et oraisons au tombeau Saint-Martin, assistant aux divins offices faits en icelle église par les moines qui lors y vivoient regulièrement; et avoient lesdittes religieuses, à cet effect, une chapelle en la ditte église appellée de l'Ancien Crucifix, laquelle depuis ledit temps jusqu'à présent est demeurée en la présentation de leur dame abbesse.

Il se trouve que l'église dessus ditte de Nostre-Dame-de-l'Escrignol a esté consacrée par Eufrosne qui depuis fut evesque métropolitain de Tours et élevé à cette dignité l'an cinq cents cinquante-six : Et en icelle les susdittes religieuses ont demeuré dans la prattique des exercices susdits jusqu'en l'an mil sept. Peu d'années auparavant un trésorier de l'église Saint-Martin nommé Hervé, homme d'insigne sainteté et vertu, marry de voir qu'en tout le diocèse il n'y avoit aucunes religieuses faisant les offices divins, ainsy qu'il s'en trouvoit en autres lieux, présenta requeste au roy Robert à ce que par son autorité et libéralité fust bâti une abbaye au lieu appellé Nostre-Dame-de-Beaumont, hors les murs de la ville, où était une ancienne église de Nostre-Dame; laquelle pour le grand nombre des beaux miracles qui s'y sont faits s'appelloit vulgairement des lieux circonvoisins Nostre-Dame-des-Miracles. Il s'en trouve grand nombre de bien averez et écrits audit livre portant résurrection de morts, guérison d'aveugles, boisteux et autres malades. Le susdit roy Robert entherina la juste requeste du dit tresorier aux fins que dessus, scavoir de faire l'office divin publiquement et de prier pour sa sacrée personne et celles des roix chrestiens ses successeurs. Ensuitte l'abbaye estant bastie, il conceda quantité de beaux priviléges et immunitez et confirma touttes les donaisons faittes par autres en faveur de laditte abbaye, en l'année mil sept.

Ce pieux prince declarant qu'il a avantage, pour bien et seurement passer son règne et parvenir à celuy du ciel, de donner ayde et protection aux serviteurs et servantes de Dieu, pour avancer son culte et sa gloire. En quoy il fut sy zélé qu'à la fin de ses lettres de confirmation expédiées de la forest de Bologne, le susdit temps, il ordonne amander de deux cents escus d'or sol à tous juges, procureurs et autres officiers qui contreviendront aux priviléges et droits que sa clémence accorde à laditte abbaye. A l'imitation de ce roy très-chrestien plusieurs princes, ducs et seigneurs de Normandie, Berry, Poittou, et autres lieux firent donaison de plusieurs églises et prieurez à cette abbaye ; le nombre desquels elle jouist encore à présent. Alors, c'est à savoir en l'an mil sept, les religieuses qui demeuroient au monastère de Nostre-Dame-de-l'Escrignol, en l'aire de Saint-Martin, et gardaient la règle du père saint Benoist furent transférées en la susdite abbaye de Beaumont, où elles ont toujours vescu religieusement sous la même règle, jouissant du bien et revenu de leur première maison, jusques environ l'année mil deux cent dix sept qu'elle fut érigée en paroisse, demeurant néantmoins laditte paroisse sous le patronnage des dames abbesses de Beaumont.

NOMS DES ABBESSES DE BEAUMONT.

La première que nous trouvons avoir régi et gouverné cette abbaye se nomme Ercindis qui vivoit environ l'an mil vingt.

La deuxième, Phenicia, laquelle fut bénite par Hugues, archevesque de Tours, premier de ce nom, l'an 1045 (1).

(1) Hugo premier, archevêque de Tours, était mort depuis longtemps, en 1045.

Toute cette chronologie des évêques de Tours nous parait fausse, il ne faudrait cependant pas la rejeter sans examen, car la chronologie du siége de Tours est fort incertaine et ne peut s'établir qu'à l'aide de pièces originales telles que celles que renfermait sans doute le trésor de Beaumont.

La troisième, Triphonia ; elle fut bénite par Arnoul, archevesque de Tours, l'an 1060, et décéda environ l'an 1078.

La quatrième, Arduïsa.

La cinquième, Aldeburgis, laquelle gouvernoit en l'an 1119 et fut bénite par Raoul, deuxième de ce nom, archevesque de Tours.

La sixième fut Aïxordis, laquelle obtint du pape Eugène III la confirmation de tous les biens donnez à l'abbaye jusqu'alors, que l'on comptoit 1150. Elle fut bénite par Hugues, deuxième du nom, archevesque de Tours.

La septième se nomme Hermencardis. Il se trouve qu'elle estoit en possession dès l'année 1169 et vescut jusqu'à 1198. Elle fut bénite par Josse, archevesque de Tours. De son temps, elle et tout le couvent donnèrent consentement à messieurs de Saint-Martin de transporter l'autel ou chapelle du Crucifix, qui estoit au milieu de leur église et qui appartenoit, comme nous avons dit cy dessus, à leur communauté, en lieu plus commode, scavoir au côté du septentrion, où il est à présent, et le crucifix d'argent qui y étoit fut posé sur l'entrée du chœur, comme il se peut voir par une lettre du trésor de laditte abbaye commençant : *Philippus Decanus* et en datte de l'année 1189.

La huitième fut Aremburgis de Marnez. Elle vivoit en 1200, et a été bénite par Barthelemy deuxième du nom, archevesque de Tours.

La neuvième, Amabilis, laquelle gouvernoit ès années 1212 et 1213 et fut bénite par Jean deuxième (1) qui portoit le surnom de Faix, archevesque de Tours.

La dixième, Jeanne, qui a gouverné depuis environ l'an 1234 jusqu'à 44 (2). Tiré d'un acte de ce que les abbesses entrant au siège doivent au sieur prevost d'Oë un gobelet de demy marc d'argent, à cause des seigneuries de la Roche, dans la paroisse de Nouzillé et de la Chaise, dans la paroisse d'Oë.

(1) Jean I de Faix et non Jean II.
(2) Du temps de l'archevéque Juhel de Mayenne.

La onzième, Mathildis, sœur du seigneur de Montbazon, qui possédoit l'abbaye ès années 1256 et 1257.

La douzième, Cezilla, qui gouverna jusqu'en l'année 1261.

La treizième, Jeanne de Bremont, qui gouverna depuis 1279 jusque par delà 1291.

La quatorzième, Agnès Viole, laquelle fut éleüe, selon la coutume de ce temps-là, en l'an 1295, et décéda en 1313 ayant, quatorze ans auparavant, résigné l'abbaye à sœur Margueritte de Rayasse, sa nièce.

La quinzième fut Marguerite de Rayasse laquelle décéda en 1314.

La seizième, Mathée d'Audigné, éleüe au mois de juillet 1317.

La dix-septième, Alix, qui gouverna jusque passé l'an 1346.

La dix-huitième, Philippe de Relleyau, laquelle décéda en 1371.

La dix-neuvième, Jeanne de Maillé. Elle fut bénite par Jean, évesque d'Orléans, au collège de Saint-Lieffard, le dimanche de *reminiscere*, le 22 de février 1371.

La vingtième, Marie de Launay, abbesse. Elle décéda le 25 juillet, en 1415.

La vingt-unième, Lubine d'Alionard. Elle fut éleüe en 1415 estant prieure du prieuré de Liezes, dependant de l'abbaye. C'est elle qui a fait faire la plus grosse cloche de l'église telle qu'elle est, comme il se voit par l'inscription qui est dessus. Elle a de plus fait des acquests très-considérables pour cette maison. Elle obtint confirmation du roy Charles de tous les priviléges concédez à cette abbaye par le roy Robert, expédiée en l'an 1443, le 22ᵉ de son règne. Elle décéda le 29 décembre 1456.

La vingt-deuxième, Isabeau de Ville-Blanche fut éleüe le jeudi 20 janvier 1456. Elle estoit prieure d'Avon et fut bénite au mois de mars de la même année ; elle décéda le 25 octobre 1469 et fut enterrée devant l'autel de la chapelle de Nostre-Dame-des-Miracles, comme il est porté par une lettre que la prieure du cloistre écrivoit à touttes les prieures qui estoient dans leurs prieurez, dont celle de Menetou est comprise, les assignant touttes à se trouver dans l'octave de la Saint-Martin prochain pour procéder à l'élection d'une autre abbesse, selon la coutume et usage de la maison jusqu'alors. Et elles firent élection de dame Margueritte Sanglier, ce qui n'eut pas lieu accause que le roy Louis XI (1) en pourveut dame Catherine de Commiers, prieure de Monçay.

La vingt-troisième, dame Catherine de Commiers, prieure de Monçay, ordre de Cisteaux, près d'Amboise, laquelle obtint Bulles du pape Paul II, dattées du 12 des kalendes de decembre, en 1469. Elle gouvernoit ledit prieuré avec l'abbaye et passoit partie de l'année en l'une de ces deux maisons et partie en l'autre, changeant d'habit, selon l'ordre de celle où elle demeuroit. Elle feist faire les chaises du chœur de l'église et décéda au prieuré de Monçay, le 20 décembre 1490.

La vingt-quatrième, Jeanne Viot, fut eleüe abbesse en 1491. Elle feist faire tous les livres de chant nécessaires pour l'office divin, comme il se voit dans celui des messes, par l'enluminure de la première lettre de celles qui commencent : *Ad te levavi*, qui est la messe du 1er dimanche des advents. Elle décéda un samedy, 23 octobre 1501.

La vingt-cinquième, Jacquette de Rothais, fut eleüe abbesse en 1501 et tint le siége abbatial jusqu'à 1519, qu'elle resigna à madame Françoise de Marafin, sa nièce, par voyes de Rome et vescut depuis jusqu'à 1525, qu'elle décéda et fut enterrée devant le grand autel, comme porte son épitaphe attachée auprès, qui est tel : *Cy devant gist dame de bonne mémoire Jacquette de Rothais, en son vivant abbesse de céans qui, florissant en vertu et menant une vie austère, vescut 68 ans et, après plusieurs labeurs et biens par elle faits, trépassa, le 8e de juin l'an 1525.*

La vingt-sixième fut dame Françoise de Marafin, dont la mémoire est en bénédiction, tant en la terre qu'au ciel, pour les grands biens qu'elle a faits à cette abbaye, tant au spirituel

(1) Dans les moindres actions de Louis XI la main du maître se fait toujours sentir.

qu'au temporel, durant qu'elle a tenu le siége abbatial. Sa vie
estoit très-sainte et exemplaire ; laquelle ne se contentant pas
de la manière de vie et observance qu'elle avoit trouvée en la
maison, quoyque fort religieuse et qu'elle ne fust pas dans les
relâches où plusieurs monastères de ce temps là s'estoient lais-
sez emporter, elle voulut embrasser la reforme des pères de
Chesal benoist, comme la plus exacte de ce temps et donna des
statuts conformes à icelle qu'elle garda et fist garder exactement,
faisant renouveller les professions à touttes ses filles selon
cette réformation, en l'an 1533, et mettre en commun tout ce
qu'elles avoient en propre du revenu de leurs prieurez. Elle
feist construire un grand et beau dortoir, le refectoir, et
autres lieux reguliers. Elle feist faire un grand enclos, par-
loirs et grilles, pour observer plus étroitement la clôture. Elle
décéda le 1er d'avril 1554 et fut enterrée sous la tombe devant
la grande grille du chœur, qui est à présent la sépulture de
mesdames nos abbesses.

La vingt-septième, madame Charlotte de la Trimouïlle, suc-
céda à madame de Marafin, par la nomination du roy, ce qui
a depuis continué. Elle estoit religieuse de Fontevrault et prist
possession de l'abbaye le 21 septembre 1554 et y vescut et
gouverna très-religieusement, et augmenta l'abbaye d'un logis
abbatial, et fist plusieurs autres choses fort considérables pour
le bien de cette maison. Elle décéda le 19 de juillet 1572.

La vingt-huitième abbesse fut madame Madeleine Babou, de
la maison de la Bourdaisière, qui tint le siége trois ans et décéda le 17 septembre 1577.

La vingt-neuvième fut madame Anne Babou, première de ce
nom, seur de la précédente, qui eut la nomination du roy, et
le jour de sainte Agnès, 21 de janvier 1578, prist possession de
cette abbaye. Elle estoit fort ponctuelle à maintenir la régularité et faire observer le saint concile de Trente. Elle en prit le
breviaire que l'on tient encore aujourd'hui et se mist sous
la juridiction de monseigneur l'archevesque de Tours, en 1601.
Elle mist l'oraison mentale en commun et y assistoit assiduë-

ment ; elle feist accroistre le chœur, feist faire les orgues et un dortoir de dix chambres. Estant dejà fort âgée elle fist sa coadjutrice, en 1609, madame Marie de Beauvilliers, de la maison de Saint-Aignan, sa nièce, religieuse professe de cette abbaye et abbesse de Montmartre, dès l'année 1598, qu'elle sortit de cette maison pour aller à ladite abbaye, laquelle elle reforma. Elle la mist dans le lustre et la splendeur où elle est aujourd'huy. Laditte dame Anne Babou a gouverné cette abbaye 36 ans et est décédée saintement, ainsy qu'elle avait toujours vescu, le 8ᵉ novembre 1613.

La trentième abbesse est madame Marie de Beauvilliers, laquelle sortit de son abbaye de Montmartre et vint pour faire demeure en cellecy dont desjà elle avoit pris possession, comme coadjutrice, deux ans et demy auparavant. Elle s'y rendit le 18 d'apvril 1614 et y demeura quelque six mois et résigna son abbaye à madame Anne Babou, deuxième du nom, sa cousine et filleuille, nièce de la deffunte abbesse. Elle l'emmena à Montmartre en attendant ses bulles.

La trente-unième abbesse a esté laditte dame Anne Babou (1), deuxième de ce nom, laquelle fist son entrée en cette abbaye et en prist possession le 20 juin 1615. Elle a maintenu et conservé l'observance régulière fort exactement durant son gouvernement. Elle a donné à l'église deux beaux grands reliquaires de chacun 22 marcs d'argent garnis de saintes reliques et enrichis de diamants et rubis, une petite croix d'or contenant une assez belle particule de la vraye croix de Nostre-Seigneur très-avérée. Elle a de plus fort augmenté toutte l'argenterie de l'église, fait refaire et enrichir de belles figures et peintures l'autel de la chapelle de Nostre-Dame-des-Miracles,

(1) Ii y aurait un chapitre entier à écrire sur ces abbesses du nom de Babou. L'article consacré dans cette nomenclature à la deuxième abbesse de cette famille, Anne Babou, renferme cette phrase : *qui eut la nomination du roy.* Dans ces quelques mots se trouve la clef de la grande fortune monastique de cette célèbre famille qui, sous cinq de nos rois, remplit presque exclusivement les annales galantes de l'Histoire de France.

enrichir l'église de plusieurs saintes reliques et beaux reliquaires ; elle a fait accroistre le logis abbatial d'une chambre, un cabinet et une petitte chappelle fort bien élabourée ; elle a augmenté l'enclos de plus de deux arpens de terre et fait plusieurs autres accommodements. En 1618, elle fut visiter son prieuré de Menetou-sur-Cher, au diocèse de Bourges, comme abbesse et prieure primitive dudit lieu. Elle en sortit accompagnée de la mère prieure dudit prieuré et de cinq autres religieuses qu'elle avoit amenées avec elle en son voyage. L'une desquelles estoit madame Charlotte de Soissons, religieuse de Fontevrault, qui estoit venue par le consentement de madame son abbesse pour changer d'air. Madame Babou fut à Bourges et monseigneur l'archevesque dudit lieu la bénit dans l'église du couvent de l'Annonciatte de Bourges, le premier jour d'appvril 1618, qui estoit le dimanche de la Passion. Et assistèrent à cette bénédiction M. le comte de Saint-Aignan, madame la mareschalle de Montigny et M. et Mme de Rhodes, tous parens de laditte dame abbesse; laquelle retourna au prieuré de Menetou et revint en cette abbaye, le 2 de may de la même année, où elle a gouverné l'abbaye trente-deux ans et est décédée en nostre seigneur, le 13e janvier 1647.

La trente-deuxième abbesse de ce royal monastère a esté madame Marie Anne de Cochefillet de Vaucelas, nommée par la reine régente comme très-bien informée de ses rares vertus, de l'éminence de son esprit, solide jugement et excellente conduitte. Elle prist possession, le 1er juillet 1647, à la gloire de Dieu et au bonheur de ceste abbaye, comme ses premières années l'ont fait voir par les choses très-importantes qu'elle a effectuées pour le maintien de la régularité et augmentation du fond de l'abbaye, et ayant reconnu que les infirmeries estoient très-incommodes et menaçoient ruine pour leur antiquité, elle a donné son logis abbatial pour en faire de plus commodes pour les malades et, affin d'exécuter ce projet, elle entreprist un bastiment d'importance qui consiste en un logis abbatial et un pour les survenants et l'enclos d'une basse-court avec les ménageries nécessaires en icelles pour obvier à l'ouverture des portes du monastère et garder plus exacte closture. Mademoiselle (1) a posé la première pierre dudit bastiment portant cette inscription : *Le 18ᵉ de juillet 1652, très-haute, très - puissante et très-excellente princesse Anne-Marie d'Orléans, souveraine de Dombes, duchesse de Montpensier, etc., a posé la première pierre de ce bastiment construit par madame Marie Anne de Cochefillet, abbesse de ce royal monastère de Nostre-Dame-de-Beaumont-lez-Tours, ordre de Saint-Benoist, sous le pontificat d'Innocent X et le reigne de Louis XIV; messire Victor le Boutillier, archevesque de Tours, en a fait la cérémonie.*

Cette illustre abbesse a orné l'église de plusieurs riches ornemens comme croix d'argent, calices, bassins, burettes, chandeliers d'argent, placques et candelabres d'argent et autres ornemens qui font la plus riche décoration de cette église, qui la rendront éternellement mémorable dans cette maison qu'elle a gouvernée vingt-deux ans, après lesquels elle l'a permuttée à très-illustre et très-vertueuse dame, madame Anne Berthe de Bethune, abbesse pour lors de l'abbaye de Saint-Corentin, où laditte dame de Vaucelas n'a vescu qu'un mois et y décéda le 27 novembre 1669.

Cette illustre abbesse ayant été élevée dans cette abbaye dès l'âge de sept ans, sous la conduitte de madame Babou, qui, ayant connu et seu profiter des belles dispositions qu'elle trouva dans le cœur et dans l'esprit de cette jeune enfant, les remplit bientost de la connaissance du vray bien ; elle y réussit si heureusement, que à l'âge de douze ans on remarquoit desjà dans cette jeune personne toutte la sagesse d'un âge plus avancé. Ce fust dans ce temps que messieurs ses parens la retirèrent pour la produire dans le monde, mais elle n'y fut pas plustost qu'elle le méprisa et entra dans l'abbaye de Montmartre sous la conduite de madame de Beauvilliers, sa tante. Cette relligieuse abbesse, bien loing de laisser ralentir le zèle de sa

(1) La grande Mademoiselle, princesse de Montpensier.

jeune nièce, en l'elevant dans la molesse et les plaisirs, au contraire le fortifia par ses sages conseils et ses exemples, en sorte qu'à l'àge de vingt-deux ans son mérite desjà connu la fit choisir par le roy pour être abbesse de Saint-Correntin, diocèse de Chartres; elle remplit si parfaittement, dans ce poste, les hautes idées qu'on avait conçu d'elle, que peu de temps après, madame de Vaucelas dont les infirmités presque continuelles ne luy permettoient pas de remplir, comme elle auroit souhaité, les devoirs de son ministère, ne crut pas pouvoir donner à cette maison de plus sensibles marques et de son amitié et de son attachement qu'en la mettant sous la conduitte de cette pieuse abbesse. Elle y fit son entrée le 15 octobre 1669. Une entrée accompagnée de tant de preuves de sa vertu, que promettoit-elle autre chose qu'une suitte heureuse d'un heureux gouvernement? En effet, elle gouverna toujours avec tant de douceur et de charité que le nom de mère luy auroit mieux convenu que celuy d'abbesse. Sa charité surprenante la rendit toujours attentive à rendre à ses filles le joug du Seigneur léger, mais elle ne les en déchargea jamais et aussy ferme à leur faire exécuter les choses justes qu'elle fut facile à leur permettre les innocentes, on peut dire qu'elle fut en mille manières nostre mère. Avec quel zèle et régularité n'a-t-elle pas soutenu la régularité de cette maison? La dévotion, la modestie et le recueillement avec lequel elle assistoit aux augustes mistères de nos autels augmentoient dans ses filles l'amour du Seigneur et soutenoient le zèle de celles qui auroient peu le laisser ralentir. Elle avoit une dévotion toutte particulière à la mère de Dieu qu'elle avoit conçu dès sa plus tendre jeunesse et qu'elle a conservé jusques au dernier soupir de sa vie: elle crut ne pouvoir mieux réussir à la conservation de cette maison, qu'en la mettant sous la protection de cette grande reine du ciel, imitant en cela la piété de nos roys qui mirent leur sceptre et leur couronne entre les mains de cette souveraine. Cette sainte abbesse renvoya toujours tous les honneurs et avantages que sa qualité de supérieure luy pouvoit attirer et

lit une démission solennelle et de sa crosse et de sa place abba-
tialles aux pieds de cette protectrice des épouses du seigneur,
et ne négligea rien pour luy faire rendre tout l'honueur et le
respect qui luy est deu. Si cette vertueuse abbesse a soutenu
avec tant de succès et par ses exemples et ses conseils la régularité de cette maison, elle n'a rien oublié pour luy procurer
tout le bien qu'elle a peu. Que ne fit elle point, lors que voiant
avec peine l'église qui menaçoit ruine de tout côté et ne pou-
vant souffrir la destruction d'un temple si auguste et si ancien,
redoubla ses soins pour le conserver? elle le fit reparer, fit
faire une contre vouste et les vitreaux et presque en même
temps fit retablir les dortoirs qui furent consumés dans une
incendie qui arriva le 19e décembre 1680. La fontaine que nous
avons sera un monument éternel à sa mémoire. Elle employa
le crédit de son illustre famille pour l'obtenir du roy et en fit
faire le canal depuis le Plessis jusques icy. Elle ne borna pas
ses soins au nécessaire de cette maison, elle travailla encore
à son embellissement; elle fit renfermer et planter le grand
verger qui régne le long de la levée; enfin rien n'échappa à
l'empressement qu'elle avoit de nous faire du bien. Ainsy toujours en action, et d'ailleurs vivant dans une grande régularité
et mortification, elle ne vescu pas longtemps; elle tomba dans
une maladie qui fut très-longue, qui ne l'empescha jamais de
vaquer à ses exercices ordinaires et, le mal augmentant, elle
se disposa à mourir par la pratique de l'humilité et de la pa-
tience; enfin, après avoir receu tous les saints sacremens,
Dieu l'attira pour la couronner dans la gloire; ce fut le 26e
juillet 1689, dans la cinquante-deuxième année de son âge,
ayant gouverné cette maison vingt ans, moins deux mois et dix
jours. Nous n'avons pas perdu cette chère et pieuse abbesse,
elle est plus vivante pour nous qu'elle n'estoit et, outre l'avantage et la consolation que nous avons de l'avoir encore pour
mère au ciel, consommée dans le centre de la charité, sa sagesse et sa clémence revivent parmi nous sur la terre dans
l'illustre et vertueuse abbesse qu'un grand roy si éclairé à

découvrir et à honorer le mérite où il se trouve a mis à la place de celle que le ciel nous a enlevée ; c'est madame Gabrielle de Rochechouart de Mortemar. Elle est fille de N. de Rochechouart, duc et mareschal de Vivone, et d'Antoinette de Mesme, lesquels l'ayant mise dans l'abbaye de Fontevrault auprès de très-illustre dame madame Gabrielle de Rochechouart, sa tante, y fit profession.

Elle fut pourveue de cette abbaye en 1689 et prit possession le 5 octobre 1690.

Nous terminerons cet extrait du *Livre des Vœux* de l'abbaye de Beaumont en citant les noms de quelques-unes des religieuses dont notre précieux manuscrit renferme les actes de profession autographes.

P. 108. Sœur Marguerite-Angélique d'Orléans, 19 mars 1649.
P. 113. Sœur Catherine de Sully, 20 août 1652.
P. 115. Sœur Anne d'Estampes, 9 juin 1654.
P. 128. Sœur Gabrielle d'Estampes, 8 août 1661.
P. 131. Sœur Diane d'Orléans, 16 novembre 1665.
P. 145. Sœur Louise d'Estampes, 24 juin 1680.
P. 212. Sœur Marie-Louise de la Chastre, 27 novembre, 1724.
P. 221. Louise-Henriette-Gabrielle-Marie-Françoise de Bourbon, 23 mars 1733, décédée, abbesse de Beaumont, le 19 septembre 1772.

Nous n'indiquons ici que les personnages qui peuvent présenter quelque intérêt historique. Un grand nombre de familles de la Touraine et des provinces voisines trouveront dans ce manuscrit des noms qui leurs sont chers et dont elles ont peut-être complétement perdu la trace.

V. LUZARCHE

Tours, Imprimerie LADEVÈZE. — 1855.